Mauer Verlag
Wilfried Kriese
72108 Rottenburg a/N
Buchgestaltung: Wilfried Kriese
Illustrationen von Bärbel Richter
2009
ISBN 978-3-86812-74-2

www.mauerverlag.de

Bärbel Richter

Martin Georg Martens

Heiterer Jahreslauf

Schneemann, Osterhase, Maibaum, Blumenkranz und Wanderstock,
Drachensteigen,Weihnachtsmann

Mauer Verlag

Inhalt

Der Schneemann mit der Karottennase

Ein Schneemann stand auf einer Wiese
Mit einer roten Nase.
Und unterm Rock die warmen Füße,
Die standen auf dem Grase.

„Kommt her, ihr Kinder," rief er laut,
„Und schmeißt von Schnee die Bälle!
Ich bin robust, stabil gebaut
Steh' fest an meiner Stelle."

Da hagelten die Bälle los.
Der Schneemann musste lachen bloß.

Ein Schneemann, frisch gerollt, erstand,
Mit einer roten Nase.
So schön war keiner rings im Land,
Auch nicht in der Oase.

Er hatte Knöpfe und ’nen Hut
Und unterm Rock auch Schuhe,
Und ging herum ganz frohgemut
Und pflegte auch der Ruhe.

Doch wenn ihn Menschen störten, stand
Er da und grinste unverwandt.

Ein Schneemann stand da, rund und prall,
Mit einer roten Nase.
Doch plötzlich knallt aus Schnee ein Ball...
Und weg auf einmal wa' se.

Im Schnee die Nase wurde röter:
„O steckt mich wieder drauf!
Sonst wird die Not nur immer nöter,
Frist mich ein Has' noch auf!“

Und sieh, ein Handschuh packte zu
Und setzt' sie ins Gesicht im Nu.

Ein Schneemann ging nach Afrika
Mit seiner roten Nase.
Doch denkt einmal, was da geschah
Und zwar auf offner Straße.

Der Schneeman schmolz. Die Nase blieb
Und ging gar stolz spazieren.
Und mancher Has' und mancher Dieb
Die wollten dran probieren.

Die Nase aber schwebte frei
Durch afrikan'sche Wüstenei.

Ein Schneemann von der Reise kam
Mit einer roten Nase.
Er war hundsmüd', erschöpft und lahm
Und setzt' sich auf 'ne Vase.

Die rief erschrocken: „Weg von mir!
Bin ich vielleicht 'ne Bank?
Ein Schneemann steht! Selbst wenn er schier
Erschöpft ist oder krank."

Seitdem, ihr Leut', ein Schneemann steht,
Selbst wenn er schmilzt und bald vergeht.

Ein Schneemann plötzlich stand vorm Haus
Mit einer roten Nase.
„Du schaust mir gar zu pfiffig aus,
Trankst Glühwein aus dem Glase?!“

„Geh, lass mich,“ sprach der Schneemann schnell.
„Komm’ raus aus deiner Stube
Und werf auf mich ’nen Schneeball hell!
Ich steh! Ich wackrer Bube.“

Er lachte nur, als ich ihn traf:
„So ist es recht! So ist es brav!“

Ein Schneemann wollte Schlittschuh' laufen
Mit einer roten Nase,
Und ging, die Rutscher sich zu kaufen.
Dann holt er seine Base.

Einträchtig liefen sie am Teich
Rundum und hin und her.
Die Leute staunten nur und gleich
Vom Dorf noch kamen mehr.

Und wär' das Eis geschmolzen nicht,
Die Beiden führen heut' noch schlicht.

Ein Schneemann, ja ein Schneemann war,
Mit einer roten Nase,
Verliebt schon übers ganze Jahr
In seine süße Base.

Er sah sie einst bei Mondenschein,
Als er des nachts spazierte.
Doch leider war sie nicht allein,
Da sie gerad'.... poussierte.

Ja, sie zerschmolz. Er blieb besteh'n.
Die Sehnsucht ließ ihn nicht vergeh'n.

Ein Schneemann eilte nach Berlin
Mit einer roten Nase.
Er suchte auf die Kanzlerin
Im Kabinett grad saß se.

Er sprach zu ihr: „Das ist nicht recht.
Nimm meine rote Nase.
Die weiße steht dir viel zu schlecht,
Die ist nach meinem Maße.

Die Kanzlerin gehorchte wohl
Und passte jetzt zu Schmidt und Kohl.

Der Schneemann ging vergnügt nach Haus'
Mit seiner weißen Nase.
Die tropfte zwar noch tüchtig aus.
Allein, so eben wa' se.

Bald war die Nase wieder fest.
Und Weisheit zog hinein.
Ihn wurmt'es, dass sein Lebensrest
So immer sollte sein.

Da fand er just 'ne rote Nase.
Die weiße war für ihn bloß Phrase.

Ein Schneemann magerte gar sehr,
Doch nicht die rote Nase.
Die hing zwar schief und hing auch schwer...
Doch im Gesicht noch saß se.

Der Schneemann rief: Herrjemime!
Es ist schon grün der Rasen!"
Die Nase rief: „O weh, o weh!
Da hüpfen lauter Hasen!"

Der Schneemann bald verschwunden war,
Und auch die Nase. Das ist klar.

Ein Schneemann hoch ins Nordland zog
Mit seiner roten Nase.
Nicht schmelzen müssen, ihn bewog,
Zu zieh'n gen Nord die Straße.

Kaum angelangt, ward er zu Eis....
Und konnt' sich nicht mehr rühren.
Die Eskimos, sie kamen leis,
Sie taten da was spüren...

Als ob ein Geist erschienen sei
Mit roter Nas', statt Elchgeweih.

Der Osterhase

Ein Osterhas' die Ohren spitzt,
Die Eier auf dem Rücken.
Im Morgentau die Sonne blitzt.
Wie mag sie ihn entzücken.

Er hoppelt artig hin und her....
Ins Gras, da fall'n die Eier.
Die Farben lachen, ach so sehr,
Versteckt im grünen Schleier.

So springt der Osterhas' durch's Land.
Das andre ist euch wohl bekannt.

Ein Osterhas' im Garten saß,
Die Eier auf dem Rücken,
Vor einem Nest aus Moos und Gras.
Jetzt tat der Has' sich bücken....

Da kullerten die Eierlein,
Die gelben, roten, blauen
Ins Nest aus Gras und Moos hinein,
Wo sie dich keck anschauen.

Der Has', der hoppelt hintern Baum....
Die Kinderlein erwarten's kaum.

Ein Osterhase sprang einmal,
Die Eier auf dem Rücken
In einem grünen Frühlingstal,
Sich Moos am Bach zu pflücken.

Oje, da sprang ein goldnes Ei
Herab auf einen Stein.
In tausend Stücke brach's entzwei,
So golden, rund und klein.

Und aus dem Dotter, denkt nur, denkt,
Die Dotterblum' ward uns geschenkt.

Ein Osterhas' die Eier malt,
Die er auf seinem Rücken
Den lieben kleinen Kindern bald
Ins Nest bringt, zum Entzücken.

Da kam ein erstes Bienlein flink,
Und gab ein Honigtröpflein,
Da flatterte ein Schmetterling,
Gab Flügelstaub ins Töpflein.

Der Osterhase zaubert' fein,
Bemalte bunt die Eierlein.

Ein Osterhas', zur Osterzeit,
Die Eier auf dem Rücken,
Durcheilt das Land die Läng', die Breit',
Die Kinder zu beglücken.

Und wenn sie nachts gar selig schlafen,
Dann springt er schnell ins Haus
Und hilft den Müttern dort, den braven,
Zum bunten Eierstrauß.

Gekaufte Eier, nein, die sind
Vom Osterhasen nicht, mein Kind.

Ein Osterhase sich besann,
Die Eier auf dem Rücken,
Wie alles dies mit ihm begann,
Dass er mit Eiern darf beglücken.

Die Welt aus einem Ei entstand.
Das hatte Gott gemacht.
Das Ei entfiel da Gottes Hand....
Der Has' hatt's ihm zurückgebracht.

Seitdem der Hase Jahr für Jahr
Die Eier bringt. Und das ist wahr.

Ein Osterhas' 'nen Pfarrer traf,
Die Eier auf dem Rücken,
„Lass diesen Heidenbrauch, sei brav!
Tu' dich vorm Kreuze bücken,"

Der Pfarrer sprach. Der Has' jedoch
Erwiderte sogleich:
„Ich trage auch mein schweres Joch
Und komm' ins Himmelreich."

Ein Fuchs, der hörte das Gespräch...
Stahl stracks des Pfarrers Gans. So'n Pech!

Ein Osterhas' zog nach Berlin,
Die Eier auf dem Rücken.
Er wollte dort die Kanzlerin
Mit einem Ei beglücken.

Die Kanzlerin, die freute sich,
Wie's Kohl und Schmidt nie taten,
Und ließ die Politik im Stich
Und auch den Osterbraten.

Doch leider kamen die Minister,
Verwiesen streng den Hasen-Mister.

Ein Osterhas' vom Markte trägt
Die Eier auf dem Rücken.
Und wer ihn laufen sieht, der frägt:
„Er muss sich ja so bücken?"

Da bleibt der Hase steh'n und schnauft:
„Heut' gab es Öko-Eier.
Die kauft ich alle," er verschnauft,
„Für meine Osterfeier.

Denn echte Ostereier sind
Vom Öko-Markt, mein gutes Kind."

Ein Osterhas', wen traf er da,
Die Eier auf dem Rücken?
Er traf 'nen Fuchs, der ihn besah,
Um gleich ihn zu zerpflücken.

Da lacht' der Has': „S'ist Osterzeit.
Da musst du mich fein lassen.
Da ist der Has' dem Gott geweiht.
Und das ist nicht zum Spaßen.

Denn wenn der Has' die Eier bringt,
Kein Fuchs jemals 'nen Has' verschlingt."

Ein Osterhas' lief durch die Stadt,
Die Eier auf dem Rücken.
Er lief umsonst. Er hatt' es satt.
Wen sollte er beglücken?!

Kein Mensch hier glaubte mehr an ihn.
Er ließ die Ohren hängen.
Ein Kind die Straße schlendert hin
Und tat ihn arg bedrängen:

„Juhu! Du bist's. Die Alten lügen.
Die werden mich nicht mehr betrügen.!"

Ein Osterhase kam, o Graus,
Die Eier auf dem Rücken,
Ins Steuerhintergehungshaus,
Musst vorm Gesetz sich bücken.

Der Richter sprach: „Nach Ostern stets
Musst du nun Steuern zahlen.
Mit Schwarzarbeit, mein Freund nur geht's
Ins Kittchen nach Westfalen."

Seitdem der Osterhas' verschwand.
Nur Kindern ist er noch bekannt.

Der Maibaum

Ein Maibaum, der hat's nun geschafft,
Mit seinem Kranz von Bändern.
Er steht nun da voll Charme und Kraft
Und will daran nichts ändern.

Die Burschen zur Walpurgisnacht,
Die schlugen ihn im Walde.
Der bösen Geister wilde Macht
Lag nieder auf der Halde.

Jetzt sind die Lüfte wieder frei.
Der Hexenspuk, er ist vorbei.

Ein Maibaum feiert ersten Mai
Mit seinem Kranz voll Bänder.
Das Volk, es strömt nur so herbei...
Wie schmuck sind die Gewänder.

Ein jeder blickt gar stolz empor
Zu dieses Baumes Pracht.
Die Fiedel lockt zum Tanz das Ohr.
Die Quetschkommode lacht.

Die Disco mag der Maibaum nicht.
Er liebt Musik, ganz einfach, schlicht.

Ein Maibaum schwankt im Frühlingswind
Mit seinem Kranz voll Bänder.
Die blaue Luft ist lau und lind.
Es klappert leicht am Ständer.

Sein grüner Kranz schwankt hin und her...
Sein Bändermeer, es flattert...
Doch die Figuren bangen sehr:
Sie stehen ganz verdattert.

Der Baum, er träumt indes ins Land.
Die Sorgen sind ihm unbekannt.

Ein Maibaum, frisch errichtet stand,
Mit seinem Kranz voll Bänder,
Und blickte fröhlich unverwandt
Ringsum in grüne Länder.

Am Dorfplatz stand er, reich geschmückt,
Und voller Handwerksbilder.
Die Kinder blickten drauf entzückt.
Sie liebten diese Schilder.

Der Bäcker, Fleischer, Bauersmann,
Der Schneider, Schmied, die hingen dran.

Ein Maibaum auf dem Dorfplatz träumt,
Mit seinem Kranz voll Bänder.
Ein Kind an seinem Fuße säumt
Und lehnt am Teichgeländer.

Es lauscht und sieht: Was ist dort droben?
Der Schneider rennt zum Bäcker...
Der Fiedler will ein wenig proben...
Der schraubt die Uhr, den Wecker...

Da ist ein Treiben, ist was los...
Dem Kindlein kommt das Staunen bloß.

Ein Maibaum, mitten in Berlin,
Mit seinem Kranz voll Bänder,
War extra für die Kanzlerin
Geschmückt bis an die Ränder.

Die Kanzlerin im Dirndl kam
Und rief die Musikanten.
Den Kohl (CDU) kurz in den Arm sie nahm,
Dann Schmidt (SPD), den stets galanten.

Dem Maibaum ward es schwindlig da...
Die SPD! Das ist nicht wahr!

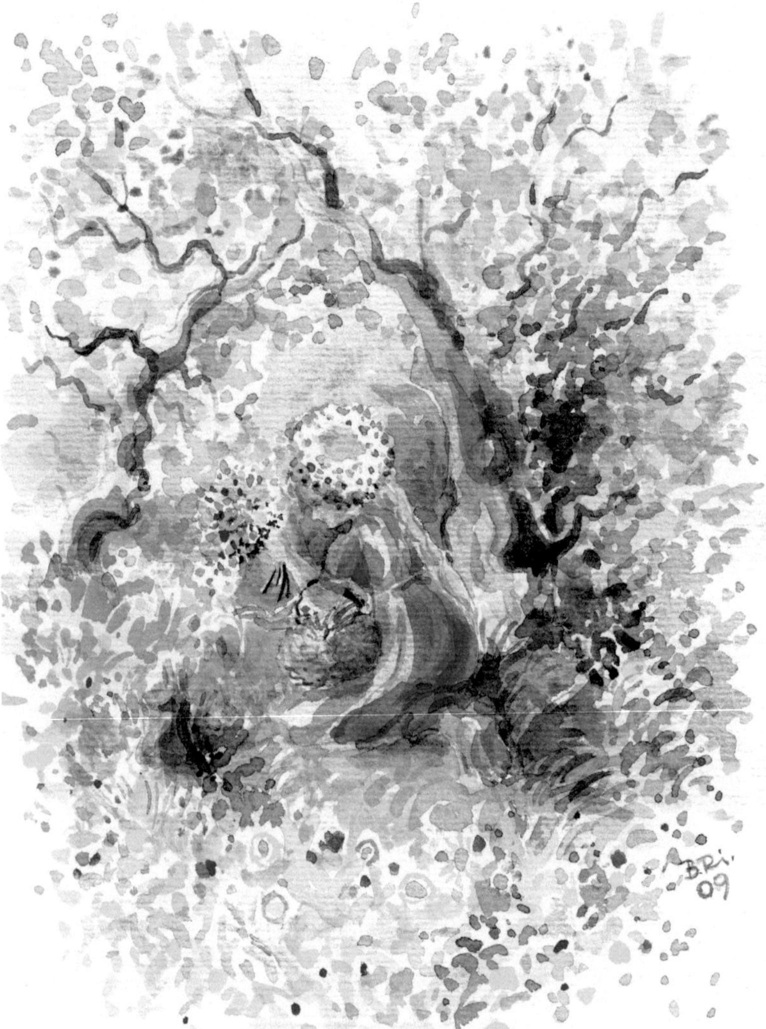

Blumenkranz und Wanderstab

„Ein Blumenkranz auf meinem Haupt,
Mit Margeriten weiß,
Der führt mich gleich, wenn ihr's nur glaubt,
In seinen Zauberkreis.

Jetzt bin ich eine liebe Fee!
Und wo ich nur erscheine,
Da tut's im Herzen nimmer weh,
Da ist niemand alleine.

Der Blumenkranz verzaubert mich.
Und alle Menschen freuen sich."

Ein Blumenkranz zum Mädchen sprach,
Mit Margeriten weiß:
„Der dir die Blumen heute brach,
Der liebt dich sicher heiß.“

„Der Bruder mir die Blumen pflückte.
Die Mutter band den Kranz.
Die Schwester mir das Haupt dann schmückte.
Der Vater spielt zum Tanz.

Wie soll ich da nicht glücklich sein.
Die ganze Welt, sie ist ja mein.“

Ein Blumenkranz, ein Blütentraum,
Mit Margeriten weiß,
Mit Glockenblum' und Wiesenschaum,
Der sang ein Lied so leis'...

Er sang vom lichten Paradies,
Das einst gewesen ist,
Wie Menschen doch verloren dies,
Und wo es heut' noch ist.

Und wer fein stille lauschen mag,
Der kann's noch finden diesen Tag.

Ein Blumenkranz eilt' nach Berlin
Mit Margeriten weiß.
Er wollt' die liebe Kanzlerin
In ihrer strengen Weis'

Beglücken wie die Kinderlein:
Und zwar im Parlament!
Die Kanzlerin, die sagte: „Nein!"
Und rang' die kalten Händ'.

Auch Kohl und Schmidt, die beiden, rieten:
„Das kann man nicht im Reichstag bieten!"

Ein Blumenkranz im Lockenkopf,
Mit Margeriten weiß,
Und hinter ihm ein blonder Zopf,
Der schaukelt lieblich leis...

Das Mädchen pflückt im Wiesengrund
Den allerschönsten Strauß:
Vergissmeinicht und Nelken bunt
Und Gräser licht und kraus.

Und in den Kranz am Haupt gar fein
Steckt sie ein rotes Blümelein.

Ein Blumenkranz, er treibt im Bach,
Von Margeriten weiß.
Es legte ihn das Mädchen, ach,
Hinein und sang so leis:

„Die Blumen auf der Wies' ich pflückt'
Und band den Kranz daraus.
Und alle Menschen war'n beglückt....
Und nun ist alles aus.

O Bächlein, trag das Kränzlein fort
Ins Paradies, ja dorthin, dort...."

„Ein Wanderstock möchte ich gern sein,
Mit Flechtwerk fein geschnitzt!“
So rief ein Haselast ganz fein.
Beim Burschen hat’s geblitzt.

Er bricht den Haselast vom Strauch
Und schnitzt die Läng, die Breit’.
Und bald, nach alter Sitte Brauch,
Der Stock, er ist bereit.

Und wer am schönsten hat geschnitzt,
Wohl auch die schönste Maid besitzt.

Ein Wanderstock vom Haselstrauch,
Mit Flechtwerk fein geschnitzt,
Wie ihn, nach zünft'ger Burschen Brauch,
Ein rechter Kerl besitzt,

Der rief zum Burschen: „Jetzt geht's los!
Zieh' an die Wanderschuhe!
Zieh' an die grüne Wanderhos'!
Ich lass' dir keine Ruhe!"

Und auf ging's in die Ferne weit.
Es war ja hohe Wanderzeit.

Ein Wanderstock, die Hand am Knauf,
Mit Flechtwerk fein geschnitzt,
Der zog talab und zog talauf.
Die Hand war gern verschwitzt.

Doch liebt' er diese Hand gar sehr:
Sie brach ihn einst vom Strauch.
Sie richtete ihn, schnitzend, her,
Gab ihm Charakter auch.

So tut er nun das Allerbeste
Und macht das Wandern ihr zum Feste.

Ein Wanderstock reist nach Berlin,
Mit Flechtwerk fein geschnitzt.
Er wollt' die rüst'ge Kanzlerin,
Die solchen nicht besitzt,

Auf ihren Reisen unterstützen.
Die Kanzlerin galant,
Sie spricht: „Du könntest mir wohl nützen,
Wenn du mir bist zur Hand.

Den Kohl, den Schmidt, die brauch' ich nicht.
Ich stütze mich auf dich, du Wicht.“

Ein Wanderstock im Ständer stand,
Mit Flechtwerk fein geschnitzt.
Wo seinesgleichen er da fand,
Wie er, gar fein geritzt!

Die zwei bewunderten sich sehr:
Gar einfach war der eine.
Der andre war verziert und mehr.
Ein jeder hatt' das Seine.

Wer wohl der Schönste war von beiden?
Sie staunten nur ganz still, bescheiden.

Ein Wanderstock, schon rissig, alt,
Mit Flechtwerk fein geschnitzt,
Er sollte in den Ofen halt,
Da er zu nichts mehr nützt'.

Der Bursch, er sieht ihn an und denkt:
Der Wanderfreund, der gute,
Hat oft den Schritt mir recht gelenkt!
Wie ist's ihm jetzt zumute?

Nein, er soll hängen in der Stub',
Mein Freund, schon, als ich war noch Bub'.

Drachenfliegen

Ein Drache, langsam flügg' geworden,
Mit einem roten Schwanz,
Errang sich manchen Flieger-Orden:
So mutig war sein Tanz.

Er kreiste hin und kreiste her.
Er streifte fast den Boden.
In Schleifen saust er immer mehr...
Und doch war es kein Toben.

Wenn endlich er nach Hause kam,
War er apathisch halt und lahm.

Ein Drache, hoch in Lüften oben,
Mit einem roten Schwanz,
Der wollte mal so richtig toben.
Doch das gelang nicht ganz.

Die Schnur, die hielt ihn fest, so fest.
Sie wollte reißen nicht.
Das gab ihm schließlich noch den Rest
Der traurigen Geschicht'.

So blieb er trotzig halt am Ort
Und flattert' droben halt so fort.

Ein Drache einst am Wolkentage,
Mit einem roten Schwanze,
Blickt ängstlich in die Wolkenplage
Und rief: „Zieh' ein, Konstanze!“

Die lachte nur: „Gehab' dich nicht!
Der Wind ist gar so keck.“
Da prasselt' es schon los, so dicht...
Der Drache fiel in'n Dreck

Und jammerte erbärmlich los:
„O je! O je! Was ist das bloß?!“

Ein Drache rief aus steiler Höh,
Mit einem roten Schwanz:
„He! Bursche, zieh' mich runter, he!
Ein gutes Stück, nicht ganz!"

Ihn fasst der Schwindel, wenn zu hoch
Er unterm Himmel schwebt.
Die Drachen fliegen meistens doch,
Da wo das Menschlein lebt.

Im Erdendunst, da geht's ihm gut.
Zum Himmel fehlt ihm meist der Mut.

Ein Drache, der vom wilden Sturm,
Mit seinem roten Schwanz
Zerrissen ward, ein armer Wurm,
Beendet' seinen Tanz.

Er liegt am Boden, elend, wund,
Und kann sich nicht mehr rühren.
„So auch die Menschen manche Stund'
Ich meine Wut ließ spüren."

Von Selbsterkenntnis neu belebt,
Wird bald der Riss recht gut verklebt.

Ein Drache, hoch in Lüften, sann,
Mit einem roten Schwanze,
Wie es mit ihm dereinst begann,
Vor diesem luft'gen Tanze.

Da war er unsichtbar und bös'
Und zog durch Menschenseelen.
Und seines Treibens Lusterlös
War, Menschenseelen quälen.

Doch nun, an langer Schnur geführt,
Hier oben große Lust er spürt.

Ein Drache, blau, mit 'nem Gesicht
Und einem roten Schwanz,
Der hielt in luft'gen Höh'n Gericht
Ob all dem nicht'gen Tanz.

Da drunten wogte Tag und Nacht
Nur sinnlos Firlefanz.
Was hat der Mensch nicht all's gemacht,
Nichts halbes und nichts ganz.

Drum soll er halt noch weiterleben.
Vielleicht wird sich noch Bess'res geben.

Ein Drache, hoch in Lüften schwebend,
Mit einem roten Schwanz,
Dem Schicksal endlich sich ergebend
Und bittend um Kulanz,

Ließ seine Dracheneigenart
Hinfahren in den Staub
Und suchte sich als neuen Part
Den tollen Vogelraub.

Allein die Vöglein lachten nur.
Drauf musst' er in die Drachenkur.

Ein Drache hoch in Lüften schwebt
Mit einem roten Schwanze.
Ein Habicht Kreise um ihn schlägt.
Der Drache geht in Schanze.

„Hinweg, du Vogel, und zwar schnell!“
„Du schlappe Vogelscheuche!“
„Hinweg, sonst walk ich dir das Fell!“
„Du schlotterndes Gekeuche!“

Die Beiden stritten hin und her.
Allein der Drache ist nicht mehr.

Ein Drache steigt in Groß-Berlin
Mit seinem roten Schwanz
Gerade vor der Kanzlerin,
Bei einer Konferanz.

„Ach," denkt die Kanzlerin, „ach könnt'
Da oben ich jetzt schweben,
Da wär' manch Ausblick mir vergönnt,
Wie Kohl ihn mir tät geben.

Der Drache lachte nur und sprach:
„Sie ist halt doch ein Mensch, und schwach.

Ein Drache, tief im Himmelsblau,
Mit seinem roten Schwanze,
Wollt' endlich auf der Himmelsau
Ergötzen sich im Glanze,

Flog höher, immer höher auf...
Da riss die gute Schnur.
Der Wind fing ihn im Arme auf
Und nahm ihn in die Kur.

In einen Garten legt er ihn
Fein säuberlich für 's Büblein hin.

Ein Drache, hoch in Lüften schwebend,
Mit einem roten Schwanz,
Dem Schicksal endlich nun ergebend
Die Drachen-Ich-Substanz,

Übt Selbsterkenntnis: „Was ich bin?
Ein alter Drachenwurm.
Es hat ja alles keinen Sinn.
Vorbei der Seelensturm.

Gebändigt und gebunden bin
Im Winde ich ein lust'ges Spiel."

Weihnachtsmann

Der Weihnachtsmann im Himmel wacht.
Im Mantel eingehüllt,
Taucht er in dunkle Erdennacht,
Vom Weihnachtsglanz erfüllt.

Erst sammelt er die reichen Gaben
Und legt sie still zum Baum:
„Sie sollen dieses alles haben.
Es ist die Nacht ein Traum.“

Dann tritt er in den Lichterschein,
Um ganz verborgen da zu sein.

Der Weihnachtsmann, der saß am Weg,
Im Mantel eingehüllt,
Pakete nur auf Weg und Steg!!!
Wie er sich frostig fühlt.

Einst ging er in die Bastelstuben
Und sammelte dort ein,
Was er den Mädchen, was den Buben
Dann später brachte fein.

Doch was er jetzt muss schleppen her,
Gekauftes Zeug! Er mag nicht mehr.

Der Weihnachtsmann, der voll Verdruss,
Im Mantel eingehüllt,
Gleich einkehrt, weil er schließlich muss,
Und manchen Wunsch erfüllt,

Klopft an. Die Kinder öffnen ihm
Mit strahlendem Gesicht.
Er stutzt. Dann hat es doch noch Sinn,
Wenn so die Freude spricht?!

Packt aus die Sachen, reich und viel
Und denkt: Es ist ein Freudenspiel.

Der Weihnachtsmann, auch in Berlin,
Im Mantel eingehüllt,
Er tritt ganz sacht zur Kanzlerin:
Ob die wohl auch was fühlt?

Die sitzt ganz still vorm Lichterbaum
Und denkt an Kohl und Schmidt.
Doch sieh', da hat sie einen Traum
Und singt ganz zart ein Lied.

Der Weihnachtsmann ganz leise spricht:
Vergiss, o Kanzlerin, dies nicht!

Der Weihnachtsmann in Pakistan,
Im Mantel eingehüllt,
Geht er die Straßen still entlang,
Vom Christkind ganz erfüllt.

Und wo er einen Menschen trifft,
Berührt er ihn ganz leis.
Der ahnt dann stille, was geschieht
Im frommen Christenkreis.

Er wandert durch die ganze Welt
Zur Weihnacht unterm Himmelszelt.

Der Weihnachtsmann am letzten Haus,
Im Mantel eingehüllt,
Er blickt bald ein, er blickt bald aus,
Wo er das Christkind fühlt.

Dann geht er, wie das Herz ihn führt.
Da wird es licht, so licht...
Bis er zuletzt ganz nah es spürt.
Er sieht Christkinds Gesicht.

Dann kehrt er ein im Himmelssaal
Und wartet bis zum nächsten Mal.